43726631R00055

Made in the USA
San Bernardino, CA
15 July 2019